D1421102

KLUITMAN

Handboek
voor
PIRATEN

Geschreven door kapitein Windbuil
(ook bekend als Sam Taplin)

Illustraties van Neddy 'Vingers' Haaientand
(ofwel Ian McNee)

Ontwerp van zwamneus Jim Bibbers
(ofwel Stephen Wright)

Word pijlsnel een stoere piraat

 INHOUD

BIJ KONINKLIJKE BESCHIKKING
HOFLEVERANCIER

Omslagontwerp: Erica Harrison/Design Team Kluitman
Nederlandse vertaling: Inge Pieters

Nur 212/LP020701
© Nederlandse editie: Uitgeverij Kluitman Alkmaar B.V.
© MMVI Usborne Publishing Ltd., Usborne House,
83-85 Saffron Hill, London EC1N 8RT, England
© Tekst: Sam Taplin
© Illustraties: Ian McNee
Editor: Lesley Sims; Historical consultants: Lucy Lethbridge en Tony
'Sneeuwsnor' Pawlyn van het National Maritime Museum Cornwall;
Additional Design: Hanri van Wyck, Matthew Durber en Stephanie Jones
Oorspronkelijke titel: The Usborne Official Pirate's Handbook.

De Nederlandse
Kinderjury
2008

www.kluitman.nl

HOOFDSTUK EEN

ALLE HENS AAN DEK

Hé, jij daar! Ahoy! Jij ziet er wel uit als een geschikte scheepsmaat. Kun je stuurboord en bakboord een beetje uit elkaar houden? Sta je graag wat te mijmeren op het halfdek, met de rollende golven onder je en de zoute zeelucht op je lippen? Als je je zakken wilt vullen met goud en je suffe matrozenleventje vaarwel wilt zeggen, monster dan aan op een echt piratenschip. Ga de uitdaging aan en vaar het avontuur tegemoet!

HOE JE GEEN PIRAAT WORDT

Dus jij denkt dat je wel iets van piraten weet, hè? Maar als je een eersteklas sabelzwaaier wilt worden, kun je maar beter snel doorkrijgen dat de meeste verhalen die je kent, niet kloppen. Zoals:

HOUTEN POTEN EN OOGLAPJES?

Het klopt dat sommige piraten hier en daar een been of een oog missen. De piraterij is tenslotte een riskant vak. Maar als je de verhalen zo eens leest, lijkt het net of er op een piratenschip niemand meer te vinden is die al zijn ledematen nog heeft. Geloof dat maar niet. Want zonder een flinke bende gezonde zeelieden wordt het natuurlijk niks met zo'n piratenschip.

VOOR DE HAAIEN GOOIEN

Dat is nog zo'n idioot idee dat
mensen hebben. De gemiddelde
piraat zou in zijn baard
proesten bij de gedachte
om mensen te
vermoorden door ze van
een plank af in zee te
laten springen. Er zijn
echt veel leukere
manieren om je vijanden
over de kling te jagen.
(Daar hebben we het
later nog wel over.)

Wat een
beschamende
vertoning!
Zo onrealistisch…

BEGRAVEN SCHATTEN?

Waarom zou een zichzelf
respecterende zeerover al
zijn schitterende schatten
in een roestige kist proppen
en die onder de grond stoppen? Sommige piraten zijn
inderdaad ooit zo stom geweest, maar de meeste zeeschuimers pakken het veel slimmer aan: die jagen alles
erdoor en gaan dan gewoon weer nieuwe schatten
roven.

HET ECHTE WERK

Sterke verhalen genoeg, maar wat doen wij piraten nu echt? En waarom zou je er een worden?

VOORDEELTJES VOOR ZEEROVERS

Op dit moment (begin 18e eeuw) hebben matrozen twee goede redenen om piraat te worden. De eerste is natuurlijk de BUIT. Op zee stikt het van de koopvaardijschepen vol rijkdommen, en die beroven is net zo makkelijk als het vangen van een lekkere vis.

Het andere grote voordeel is VRIJHEID. Massa's door de zon verbrande matrozen werken zich dagelijks kapot onder kwaaie kapiteins, en dat voor een hongerloontje. Maar als piraat word je redelijk behandeld en krijg je ook nog af en toe vrijaf.

...de dronken zeeman?
Wat gaan we doen met
de dronken zeeman?
's Morgens in de vroegte...

Gevaren voor piraten

Het piratenleven heeft maar één probleempje: het duurt niet zo lang. Je komt met de regelmaat van de klok oog in oog te staan met gevaar en als de marine je te pakken krijgt, zit je tot over je oren in de puree: gevangen piraten worden namelijk vaak opgehangen.

En verder krijg je natuurlijk nog te maken met de hongerdood, verdrinking, rondvliegende kanonskogels, bloeddorstige concurrenten en zeldzame ziektes. (Maar je moet wel een lamme, laffe landrot zijn om je daardoor te laten weerhouden.)

Wat je nodig hebt

Als je langer dan vijf minuten wilt overleven, zorg dan dat je de volgende dingen in elk geval bij je hebt:

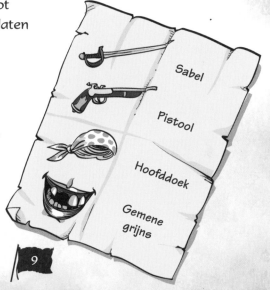

Sabel

Pistool

Hoofddoek

Gemene grijns

UIT HET JUISTE HOUT GESNEDEN

Zo maatje, ben je nog niet gillend weggerend?
Kom dan maar aan boord. Deze zwalkende wereld van
hout en touw wordt de komende maanden je thuis.
Maak maar even een ommetje over het dek.

Kapiteins-
hut

Bezaansmast

Roer

Halfdek

Gangspil

Slaap-
plaatsen

Wapenmagazijn

Voorraad

Ballast

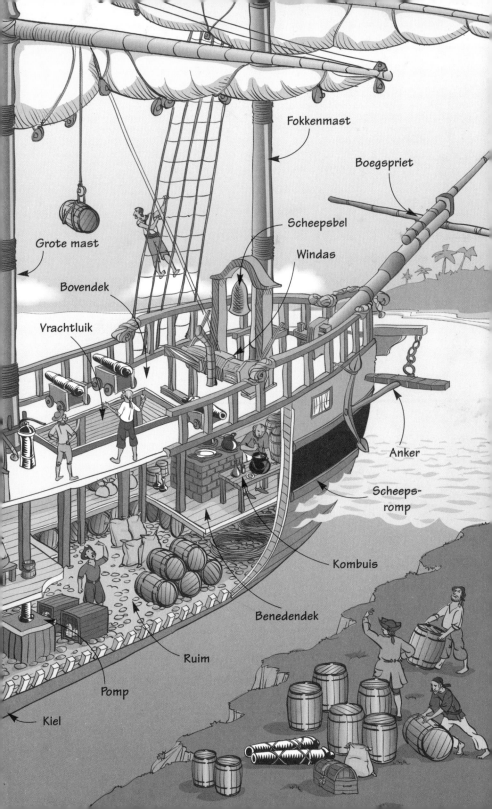

Fokkenmast

Boegspriet

Grote mast

Scheepsbel

Windas

Bovendek

Vrachtluik

Anker

Scheeps-
romp

Kombuis

Benedendek

Ruim

Pomp

Kiel

SCHEEPSREGELS

Iedereen even opgelet! Dit is dan wel een piratenschip, maar dat wil nog niet zeggen dat jullie je hier kunnen gedragen als een bandeloze bende bandieten. We kunnen alleen fatsoenlijk de schrik der zee uithangen als we een beetje gedisciplineerd te werk gaan. Daarom hebben we een aantal regels en als je je daaraan houdt, word je misschien iets minder snel voor de haaien gegooid.

VERBODEN TE JATTEN

We roven dan wel alles op de zeven zeeën bij elkaar, maar alleen een schurftige schurk steelt van zijn scheepsmakkers. Dus handen thuis.

VERBODEN TE GOKKEN

Als piraten ergens een pesthumeur van krijgen, dan is het wel van verliezen met kaarten. We kunnen moeilijk onderling gaan vechten, dus er wordt niet om geld gespeeld.

OM ACHT UUR GAAT HET LICHT UIT

Als we te lang opblijven, zijn we de volgende ochtend geen stuiver waard en vormen we een makkelijke prooi voor vijandelijke vaartuigen. Hou dus altijd je schoonheidsslaapje, maatje.

☠ GEEN VROUWEN AAN BOORD

Mooie dames leiden erger af dan koudvuur. Hou je hoofd
bij het werk, dekzwabbers.

☠ HOU JE WAPENS SCHOON

Een goede sabel en dito pistolen zijn de trots van iedere
piraat. Bovendien houden ze hem als het goed is in
leven. Zorg dat ze altijd glimmen en hou ze
gebruiksklaar.

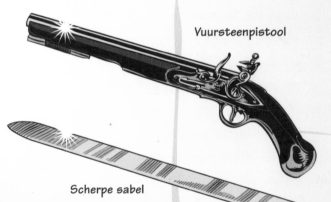

Vuursteenpistool

Scherpe sabel

☠ SAMEN UIT, SAMEN THUIS

We leven samen en we sterven samen. Zelfs als een
gevecht erg grimmig wordt, is er geen genade voor
slappe dweilen die hun scheepsmakkers in de steek laten
of hun plicht verzaken.

DUIVELSE DUELS

Nog een regel: sla nooit een scheepsmaat terwijl je op
zee zit. Als je ruzie krijgt over wie het stoerste loopje
heeft en je wilt die andere zuurpruim een lesje leren,
wacht dan tot we aan land gaan en handel het af als
fatsoenlijke piraten:

Smerige schurftige
schelviskop!

Ranzige rotte
rattenvreter!

Pak allebei je pistool en ga
rug aan rug op het strand
staan...

...Neem vijftien stappen,
draai je dan om en schiet.

Als jullie allebei niks
raken, trek je je sabel.
De eerste die de
ander tot bloedens
toe verwondt,
heeft de
discussie
officieel
gewonnen.

Zie je wel dat
ik gelijk had.

STRENGE STRAFFEN

Wil je weten wat er gebeurt met jonge zwabbergasten die de regels overtreden? Je kunt bijvoorbeeld een dag of twee aan een touw door de ijskoude oceaan gesleept worden...

> Kijk, een piraatvis!

> Zeker een vergissing...

...of aan de mast gebonden worden en gegeseld met een rafelig touw, dat de kat-met-negen-staarten genoemd wordt...

Kat-met-negen-staarten

...of moederziel alleen achtergelaten worden op een onbewoond eiland, met alleen een pistool als gezelschap.

> Jij zegt ook niet veel, hè?

Een piraat, een stem

We hebben misschien strenge regels, maar we zijn wel
eerlijk. Op een marineschip word je met ijzeren hand
geregeerd, maar als piraat heb je zelf ook nog iets te
zeggen over de gang van zaken op het schip. We
stemmen altijd voor we een belangrijke beslissing nemen
– bijvoorbeeld of we een gevangene de neus zullen
afsnijden of hem liever ophangen aan de boegspriet.

De bemanning kiest zelf een kapitein en als die een laffe
landrat blijkt te zijn, kunnen we hem overboord
schoppen en een nieuwe kiezen.

ZEEROBBENTAAL

Nu je zover bent gekomen, weet je inmiddels dat piraten niet echt Nederlands praten. We hebben onze eigen piratentaal. Het is tijd voor een kleine spoedcursus. Probeer de volgende zinnetjes zo piraatachtig mogelijk uit te spreken.

Even nokken!

VERTALING:
Schei daar alstublieft mee uit en let even op.

Zullen we een kaptein soldaat maken, maatjes?

VERTALING:
Zullen we samen iets gaan drinken?

De kruitdrager is naar de kelder.

VERTALING:
Een laaggeplaatst bemanningslid is helaas verdronken.

Aaargh! Dweil me op met een natte plank, mijn kokkels zijn compleet van achteren geslingerd!

Eh... sorry, daar snap ik ook niks van.

Begin je al een beetje zeebenen te krijgen, maatje?
Voor je aan het werk gaat, moet je nog even kennis-
maken met een paar andere oude zeerobben op het
schip. Dit zijn de kerels met wie je straks vooral bevriend
moet blijven.

DE SLIMME TIMMERMAN:

Hij is zo'n beetje de
koning van het schip,
want na een zeeslag zit
een schip vaak zo vol
gaten dat je er dwars
doorheen kunt kijken.
En als je geen zeeman
hebt die de boel weer in
elkaar kan timmeren, lig
je straks zo op de
zeebodem.

> Geen paniek.
> Sommige patiënten
> hebben dit overleefd.

DE HANDIGE SCHEEPSARTS:

Je moet wel heel veel geluk
hebben als je nooit een
pijnlijke snijwond oploopt
tijdens een gevecht of nooit
een smerige ziekte krijgt,
dus ook de scheepsarts is
een bijzonder belangrijke
bootsgezel.

☠ DE KUNDIGE KUIPER:
Deze man maakt en repareert tonnen, en omdat daar al je eten in wordt bewaard, is hij ook onmisbaar. Probeer hem vooral in leven te houden.

☠ DE KRANIGE KAPITEIN:
Als je hem niet ziet zitten, is dat je eigen schuld, want je hebt hem zelf gekozen. De meeste kapiteins kleden zich graag heel deftig om te laten zien hoe belangrijk ze zijn.

☠ DE SCHEEPSKAT:
Die doet zijn best om ervoor te zorgen dat er altijd meer piraten dan ratten aan boord zijn.

PROFESSIONELE PIRATEN

Word je al groen bij de gedachte aan de strop? Het klinkt misschien raar, maar vraag dan toestemming van de regering om piraat te worden. Zeerovers zijn geduchte vijanden en kunnen heel wat buit binnenslepen. Daarom nemen veel kooplieden en regeringen zeeschuimers in dienst om buitenlandse schepen te overvallen.

Dit heet de kaapvaart en als je dit doet, krijg je een deftig document, een zogenaamde kaperbrief, waarin staat dat je mag rondzeilen en plunderen zoveel je wilt. Je bent nu een keurige kaper in plaats van een piraat.

Kaperbrief

Honderd procent legaal, maatje!

PIRAAT IN HART EN NIEREN?

Nu even een snelle test om te kijken of je wel uit het juiste piratenhout gesneden bent. Stel, je hebt een van je dodelijkste vijanden overmeesterd, plus zijn schip dat tot de nok toe vol zit met goud. Wat doe je dan?

a) Je pikt hem zijn schat af tot op de laatste gouden munt, je steekt zijn schip in brand en je schreeuwt: ,,HAHAAA! DAT ZAL JE LEREN, SCHURFTIGE PALING!''

b) Je smijt de smeerlap in de plomp en je wacht rustig af tot de haaien aan zijn tenen beginnen te kietelen en hij je smeekt om hem te redden.

c) Je dwingt de ellendeling om de hele nacht in het want (de ondersteuning van de mast) te blijven hangen tijdens een vliegende storm.

Weet je wat het goede antwoord is? ALLE DRIE natuurlijk, gna, gna, gna! En neem nu maar een stevige slok rum en bereid je voor op een flinke portie piraterij.

Hoofdstuk twee

Zeilschepen

Oké, leg die kanonskogel even neer en luister goed. Al ben je de indrukwekkendste plunderaar van de hele oceaan, als je niks van schepen weet, kom je niet ver. (Mocht je al een ervaren zeeman zijn, dan kun je het volgende stukje overslaan, behalve als je even bijgespijkerd moet worden.)

Zelfs met al deze briljante moderne uitvindingen binnen handbereik, zul je merken dat je nog griezelig vaak verdwaalt. En aangezien de oceanen vol zitten met dodelijke ondiepe plekken waar je schip ten onder kan gaan, is het beste advies: zorg dat je mazzel hebt!

 ## VEILIG VAREN

Naast vijanden die je aan barrels proberen te schieten, zijn er nog twee gruwelijke gevaren waardoor je schip kan vergaan.

BRANDJES BLUSSEN

Je denkt misschien dat water het grootste gevaar is voor een schip dat midden op de oceaan zit, maar waar piraten echt wakker van liggen, is brand. Als er een fik uitbreekt tussen al die touwen en planken, ziet je schip er straks niet meer uit (en jij ook niet).

Ik weet niet wat die kok maakt, maar het ruikt precies naar verkoolde kat...

27

STORMALARM

Als de wind loeit als een demon uit de diepzee en er golven zo hoog als bergen over het dek donderen, zijn er twee dingen die je moet doen: een vrolijk lied zingen en heel hard bidden.
Maar je kunt ook nog een paar andere maatregelen nemen.

Pomp

Probeer het water sneller weg te pompen dan dat het binnenstroomt... Het is pompen of verzuipen!

KIEL JE KAPERSCHIP

Leef je nog? Als je ouwe, trouwe schip het zwaar te verduren heeft gehad, is het niet slim om de dichtstbijzijnde haven op te zoeken, want daar word je als piraat natuurlijk meteen opgehangen. Zoek dus een afgelegen baai om de romp (onderkant) van je schuit op te lappen en schoon te maken. Dit heet kielen of krengen.

Trek het schip eerst schuin – zachtjes aan, het is niet meer zo stevig nu! – en leg het dan voorzichtig op z'n kant.

Krab alle aangekoekte rommel eraf.

Prop stukken touw in de spleten tussen de planken en smeer daar hete teer overheen om het schip weer waterdicht te maken.

Je kunt niet zo snel ontsnappen als je schip op de kant ligt, dus blijf op je hoede.

Wachtposten

IK BEN VIES!

Als je een nieuwe mast nodig hebt (of twee), mag je hopen dat er een paar geschikte bomen op het eiland staan.

31

Elk piratenschip heeft een goeie, griezelige piratenvlag nodig om de vijand bang te maken. Je kunt er zelf een verzinnen, maar zorg wel voor een bloedrode of pikzwarte achtergrond – dat betekent namelijk: 'Ik snij je zonder aarzelen de strot af, dus blijf uit mijn buurt.' Voor het geval ze het dan nog niet snappen, kun je een lekker duidelijk plaatje toevoegen. Bijvoorbeeld:

Een schedel met gekruiste botten – om te laten zien wat er gebeurt met de vuile vissenkoppen die het wagen zich te verdedigen.

Een gigantisch, dreigend zwaard – om aan te geven hoe je meestal omgaat met je vijanden.

Een zandloper – om je vijanden te laten weten dat je niet de geduldigste bent en dat ze zich maar beter meteen kunnen overgeven.

Andere populaire
afbeeldingen zijn:

Een skelet dat een
bloedend hart doorprikt.
(Lief, hè?)

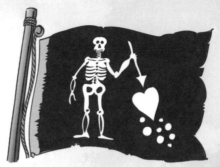

Een piraat die het glas
heft met een skelet.

Eigenlijk mag je het helemaal zelf weten, zolang het
maar lekker gruwelijk is. (Dus liever geen snoezige jonge
poesjes, dartelende lammetjes of vlinders die
rondfladderen in het zonnetje.)

Je zult zien dat de meeste
zeelieden zich zonder
slag of stoot overgeven
als ze een bloedstollende
vlag in de verte zien
opdoemen. Maar dat
geldt niet voor iedereen.
En dat betekent dat het
tijd wordt voor een
serieuze zeeslag.

33

Hoofdstuk drie

Bloed en kanongebulder

Genoeg gepraat! Kom op, grijp je sabel, dan gaan we iets kostbaars kapen. Hier eerst nog een paar geniepige manieren om de overhand te krijgen, voordat er ook maar een druppel bloed gevloeid is. Als je het slim speelt, vallen je vijanden meteen al flauw van de schrik en hoef je niet eens te vechten.

DOE ENG

Als je een koopvaardijschip nadert, moet je altijd
bedenken dat je een angstaanjagende zeeduivel bent.
Doe daar je voordeel mee. Dus als je je niet al te
angstaanjagend voelt, zorg dan dat je
er wel zo uitziet.

VERRASSING!

Een andere list is om precies het
omgekeerde te doen: hijs een gewone
vlag, laat het andere schip dichterbij
komen, doe net alsof je een en al
goedheid en hartelijkheid bent...

...en hijs dan als een razende die
schedelvlag de mast in en begin aan
je zeemonster-act.

NEPPIRATEN

Nog een achterbaks slimmigheidje: als je al een paar
schepen gestolen hebt, hijs daarop dan ook de
piratenvlag. Dan lijkt het van een afstandje net alsof er
een hele vloot piraten aan komt zetten.

Als je dichter bij een vijandelijk schip komt, kun je alvast iets meer doen dan alleen maar matrozen bang maken. Je grootste wapens zijn natuurlijk je kanonnen. Hou ze schoon en behandel ze met respect – als er eentje recht in je gezicht ontploft, zul je niet veel schoonheids-wedstrijden meer winnen.

Er zijn acht gruwelijk gedisciplineerde mannen voor nodig om een kanon fatsoenlijk af te vuren. Het slechte nieuws is dat je op de meeste schepen al mazzel hebt als je tweeënhalve gedisciplineerde zeebonk weet te vinden, dus blijf goed oefenen.

EEN KANON AFSCHIETEN

Prop eerst wat buskruit in de loop, gevolgd door de kanonskogel, en stamp de boel goed aan.

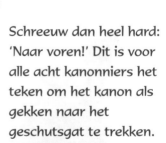

Schreeuw dan heel hard: 'Naar voren!' Dit is voor alle acht kanonniers het teken om het kanon als gekken naar het geschutsgat te trekken.

Hou tot slot een gloeiende lont boven het zogenaamde 'zundgat'. Nu gebeuren er drie dingen tegelijk: er giert een kanonskogel uit de loop, die alles verbrijzelt wat hij toevallig tegenkomt…

Zundgat

…het kanon springt achteruit als een geschrokken paard (dus zorg dat je er niet pal achter staat)…

…en er klinkt een knal alsof er ergens in je hoofd een vulkaan uitbarst. Als je niet dol bent op afgrijselijk harde geluiden, kun je maar beter iets in je oren proppen.

WAT EEN LAWAAI MAKEN DIE KANONNEN, HÈ…

PRIMA, DANK JE, MAAR WAT MAKEN DIE KANONNEN EEN LAWAAI, HÈ…

Kanonneren tegen de klok

De beste kanonneerploegen kunnen een kanon binnen twee minuten laden en afschieten. Als de strijd erg grimmig wordt, kan snel schieten het verschil uitmaken tussen een glorieuze overwinning of een droevig einde als vissenvoer, dus leer vooral snel schieten.

Super salvo's

Als je een lastige tegenstander treft en je het niet redt met een of twee kanonschoten, kun je een salvo proberen: leg je schip pal langszij en zet al je kanonnen tegelijk in. Dan is het schip snel van jou. (Alleen jammer dat er dan niet veel meer van over is.)

Hebben we soms iets verkeerds gezegd?

DUIZEND BOMMEN EN GRANATEN

Is er nog meer geweld nodig? Grijp dan gewoon een granaat: een holle bal van ijzer of hout, die stampvol buskruit zit.

Steek de lont aan en slinger je granaat dan METEEN naar het vijandelijke schip. Als hij neerkomt – je raadt het al! – ontploft hij.

Verwar een aangestoken granaat vooral niet met een appel, want ze zijn een stuk minder gezond.

Als je ook nog wat teer en ouwe lappen in je granaat propt, krijgt het andere schip bovendien te maken met verblindende rookwolken, zodat je de kans krijgt om ongemerkt aan boord te springen.

Je staat op mijn voet!

Laat mijn baard los, jij tandeloze lafaard!

Als je eenmaal dicht genoeg bij de vijand bent om zijn knieën te zien knikken, is het tijd om aan boord van het vijandelijke schip te springen en het gevecht een tegen een voort te zetten.

BIJLEN EN ENTERHAKEN

Als je vijanden niet zo beleefd zijn om de rode loper uit te leggen, zijn er twee effectieve manieren om aan boord te komen:

1. Gooi enterhaken in hun tuig, zodat ze erin blijven haken. Dan kun je het andere schip gewoon naar je toe trekken. Als het dichtbij genoeg is, kun je aan boord springen en de beestachtige piraat gaan uithangen.

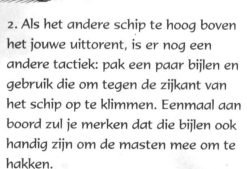

2. Als het andere schip te hoog boven het jouwe uittorent, is er nog een andere tactiek: pak een paar bijlen en gebruik die om tegen de zijkant van het schip op te klimmen. Eenmaal aan boord zul je merken dat die bijlen ook handig zijn om de masten mee om te hakken.

PAK JE PISTOOL

Handvuurwapens zijn handig op het moment vlak voordat je overspringt naar een ander schip. Probeer het liefst belangrijke vijanden te raken. Er zijn alleen drie problemen met deze nieuwerwetse uitvindingen...

Het mikt niet zo makkelijk als de zee wat onrustig is.

Au!!!

Al die vochtige zeelucht maakt het kruit vaak nat. In plaats van iemand neer te schieten, maakt je pistool dan hoogstens een verontschuldigend sputtergeluidje en valt vervolgens in slaap.

En het duurt ook nog eens pijnlijk lang om een pistool te herladen en dat is minder ideaal als er twintig slecht-gehumeurde zeelieden op je af komen. Misschien is het dan handiger om het wapen om te draaien en er iemand mee op zijn kop te timmeren.

Eh... momentje alstublieft.

SCHERPE SABELS

Die pistolen zijn eigenlijk helemaal niet zo handig, dus wees maar blij met je sabel, want dat is pas echt een prachtig piratenwapen.

Een sabel is kort genoeg om niet verstrikt te raken in al die touwen, scherp genoeg om de vijand aan mootjes te hakken, niet te zwaar, niet te licht – op je sabel kun je altijd vertrouwen.

DUIVELSE DOLKEN

Als je de vijand zo gek hebt gekregen om je aan boord te laten en je wilt een verrassingsaanval wagen, zorg dan dat je een dolk op zak hebt en kies het juiste moment om die te trekken.

Dolken zijn ook geweldige reservewapens tijdens het gevecht. Klem er gewoon eentje tussen je tanden, zodat je nog iets over hebt als je je pistool en je sabel kwijtraakt. (Bovendien staat een dolk in je mond ook nog eens extra angst-aanjagend.)

Vreselijke voetangels

Een laatste trucje: strooi een handjevol kraaienpoten over het vijandelijke dek. Matrozen dragen geen schoenen, dus deze gemene stekeldingen doen goed werk. (En het is een stuk moeilijker vechten als je de hele tijd op en neer springt.)

Kraaienpoot

TEN AANVAL!

Het heetst van de strijd ziet
er ongeveer zo uit.

Bind je schip aan dat van de
vijand vast, zodat ze er niet
stiekem vandoor kunnen gaan.

Pas op voor weigerende pistolen.

Met enterhaken trek je de
schepen naar elkaar toe.

MONSTERLIJKE MARTELINGEN

Natuurlijk zou een piraat zoals jij, met een
hart van goud, nooit iemand martelen.
Maar als je gevangen wordt genomen door
écht gemene piraten of door de marine,
kon het wel eens minder gezellig worden.

Als je geluk hebt, hangen ze je
hoogstens aan een touw en laten ze
je een paar keer in zee vallen, om je
daarna te laten uitdrogen in de
brandende zon.

> Ik word in elk geval
> wel lekker bruin
> zo…

Een ander geliefd piratenspelletje is de vijand 'laten
zweten': dan word je gedwongen om naakt rond de mast
te dansen, terwijl je aan alle kanten geprikt wordt met
scherpe voorwerpen en de
scheepsfiedelaar een vrolijk
wijsje speelt.

> Vinden jullie
> dit grappig?

Een veel gruwelijker straf is kielhalen: dan word je aan
een touw gebonden en onder het schip door naar de
andere kant getrokken.

(En de romp zit vol met scherpe zeepokken, dus dat gaat pijn doen.)

Je kunt ook in een vat vol buskruit gezet worden, terwijl een behulpzame vijand met een brandende lont zwaait.

En natuurlijk kun je ook nog uit elkaar getrokken worden met touwen, volgeplakt worden met kakkerlakken of brandende touwen in je mond gepropt krijgen. Stel je maar eens de ergste marteling voor die je kunt verzinnen... Een of andere grijnzende piraat heeft het ongetwijfeld al eens gedaan.

DE AFGRIJSELIJKSTE PIRATEN-MARTELINGEN van A tot Z

☠ DE BUIT! ☠

Wanneer de rook eenmaal is
opgetrokken en de vijand zich heeft
overgegeven, kun je eindelijk je
(bloederige) hand op de buit leggen.
Als je het goede schip berooft, kun je
een fantastisch fortuin vergaren.

GOUD EN ZILVER

Met een beetje geluk ontdek
je een mooie grote kist vol
gouden of zilveren dukaten.

Dukaat

Dubloen

Met nog meer geluk zitten er
ook nog een paar Spaanse
gouden dubloenen in. Eén zo'n
dubloen is ongeveer een heel
maandloon van een
gemiddelde zeebonk waard.

Het slimme stelen

Glimmende dingen gappen is natuurlijk geweldig, maar na maanden op zee op een druk, zweterig schip, zijn goede proviand en medicijnen minstens net zo belangrijk. Laat daar dus ook wat ruimte voor over.

Mensen kunnen ook van onschatbare waarde zijn. Als je een fatsoenlijke scheepsarts vindt, pik je die gewoon in. Hij kan je mannen in leven houden, dus is hij veel meer waard dan parels en robijnen. (Sommige piraten stelen ook slaven om die vervolgens te verkopen.)

Eerlijk delen

Piraten zijn ontzettend eerlijke bandieten, dus zorg dat jullie de buit een beetje netjes verdelen. (Je makkers zullen je veel minder snel afmaken als iedereen ongeveer evenveel krijgt.)

DOET DIT PIJN?

Behalve genieten van het goud en rondwalsen als een
dronken walrus, moet er na een gevecht ook nog iets
anders gebeuren: de bemanning moet opgelapt worden.
Of, minstens zo vaak, moeten die delen weggehaald
worden die eraf moeten.

Als je een ontstoken been hebt, doe er dan geen
verbandje om terwijl je hoopt dat het goed komt, maar
laat het meteen afhakken, anders ben je straks zo dood
als een zeepier. Het slechte nieuws is alleen dat je
klaarwakker bent als het gedaan wordt.

Meestal doet een scheepsarts
er wel een paar minuten over
om een lichaamsdeel af te zagen,
dus probeer aan iets anders
te denken.

Was dit
de goede kaart?

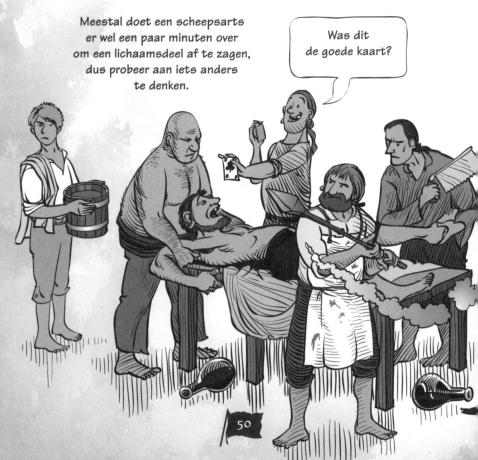

Als je eenmaal een ledemaat kwijt
bent, wordt het stompje dicht-
gebrand met een pook om het
bloeden te stelpen. En dan is je enige
zorg dat het niet weer gaat ontsteken
en dat je toch nog doodgaat. Ja, het
leven op zee is echt verfrissend!

HET GELD GROEIT JE OP JE RUG

Kijk nou niet zo somber... Amputatie heeft ook zijn
voordelen. Je krijgt bijvoorbeeld een groter deel van de
buit. Zo liggen de verhoudingen:

Rechterarm
(je zwaardarm):
600
zilveren dukaten

Een oog
of een vinger:
100 zilveren
dukaten

Linkerarm:
500
zilveren
dukaten

Rechterbeen:
500 zilveren
dukaten

Linkerbeen:
400 zilveren
dukaten

Dus al met al ben je 2100 zilveren dukaten waard.
(Hoewel het wel lastig wordt dat geld uit te geven als je
het allemaal betaald krijgt.)

SMERIGE ZIEKTES

Gewond raken op zee is erg, maar ziektes zijn nog erger, vooral als je door warme windstreken vaart. Met een beetje pech bezwijkt de halve bemanning aan allerlei kwalen.

SCHADELIJKE SCHEURBUIK

Als je tanden eruit vallen, je ogen het niet meer zo goed doen en je continu omkukelt, kan dat twee dingen betekenen: óf je bent een avond uit zuipen geweest met Jan, Piet, Joris en Corneel, óf je hebt scheurbuik.

Scheurbuik slaat toe als je niet genoeg fruit eet. Hou dus altijd een lekker zuur citroentje bij de hand.

Volgens mij heb ik de blauwrode spring-op-en-neer ziekte!

Helaas zijn er ook nog gele koorts, koudvuur en tientallen andere ziektes die niet eens een naam hebben en die je met een citroentje niet weg krijgt. Er is maar één manier om niet te sterven aan een gruwelijke ziekte: gewoon geen gruwelijke ziekte krijgen.

Een eervol einde

Zoals je ziet zijn er diverse interessante manieren om als piraat aan je eind te komen. Als je trouwe scheepsgezel de geest geeft, is dit de manier om hem de laatste eer te bewijzen.

Naai hem in zeildoek en zorg dat de laatste steek dwars door zijn neusgaten gaat. Dit lijkt wreed, maar je moet toch controleren of hij wel echt dood is.

Verzwaar zijn hoofd en voeten met kanonskogels, lees een gebedje op en kieper hem in zee. Daarna mogen er een paar tranen in je baard druipen (hoewel je natuurlijk een afgrijselijk stoere piraat bent en geen meisje).

Hoofdstuk vier

Te land en ter zee

Eigenlijk besteed je maar een klein deel van je tijd aan het zwaaien met je sabel en schatten stelen. De zeven zeeën zijn groot en de voorraad vijanden is klein. Een groot deel van je leven dobber je maar wat rond in de schroeiende zon en probeer je niet gek te worden van je scheepsmakkers.

VIES VOER

Eten op zee is vaak eerder een straf dan een genoegen, of je moet blij zijn dat je een half jaar lang elke dag bonenschotel voor je neus krijgt. Maar wees blij met elke hap, genoeg piraten zijn langzaam doodgehongerd.

Als je een been kwijt bent, zorg dan dat je een beetje kunt koken. Piraten die niet meer kunnen vechten, krijgen vaak een baantje als kok.

Het probleem is dat je op een schip geen vers vlees kunt bewaren. Je moet het inzouten of roken, en zelfs dan smaakt het vaak naar kwallenhersens. Er zijn maar vier manieren om dit te omzeilen en die zijn alle vier niet ideaal:

1. Neem een halve boerderij mee.

Kippen zijn een prima idee. Ook hun eieren zijn goed voor je.

2. Ga vissen.

3. Zorg dat je het geluk hebt om een eiland tegen te komen vol smakelijke diersoorten en gooi er een paar in de pan. Veel van dit soort dieren zijn geen mensen gewend, dus zijn ze niet bang en kun je ze makkelijk vangen.

Ze vinden me aardig!

4. Eet het oude vlees gewoon op, maar gooi er zo veel wijn, sterke kruiden, azijn en groenten overheen dat je er niets meer van proeft. Deze ratjetoe noemen we 'salmagundi' en het is het lievelingskostje van iedere piraat.

Gepofte tas

Als je nog steeds honger hebt (en dat is meestal het geval), kun je altijd dit recept van de beroemde piraat Henry Morgan* eens uitproberen.

Neem een lekkere leren tas en hak die met een scherp mes in stukjes...

...bewerk de stukjes tas met stenen om ze lekker mals te maken, schraap het meeste haar eraf en laat ze uren roosteren...

...snij ze vervolgens in hapklare brokken en spoel die weg met grote hoeveelheden rum. Hoezo geen honger?

* Kijk op pagina 71 voor meer info over deze beruchte bandiet.

Let niet op de meelwormen

Iets wat tenminste niet bederft, is scheepsbeschuit. Scheepsbeschuiten worden gemaakt van meel en water. Er is wel een probleempje. Ze zitten vaak vol dikke, wriemelende meelwormen.
Eet ze dus in het donker, dan kun je in elk geval niet zien wat je in je mond stopt. Smakelijk…

Waterhuishouding

Drinken is ook geen pretje. Je krijgt vaak maar één slok water per dag. Dit water (dat in stoffige vaten zit) wordt al snel ondrinkbaar, dus zul je het bij bier en rum moeten houden.

Je kunt natuurlijk zout zeewater gaan drinken, maar daar krijg je alleen maar nog meer dorst van, tot je er gek van wordt.
Sommige wanhopige piraten drinken zelfs hun eigen urine. (Tja, jij was degene die zo nodig piraat wilde worden…)

Zeewater

Urine

Lekkere keus…

Als de zeilen eenmaal bol staan en het dek is gezwabberd, is er verder niet zo veel te doen op een piratenschip. Maak dus maar het beste van de weinige pleziertjes die je hebt, zoals:

☠ Gezellig zingen en dansen. Een toonvaste fiedelaar is bijna net zo'n goede aanwinst als een kok die weet hoe hij een schildpad moet koken.

☠ Een stiekem gokje (al is dat officieel verboden). Maar pas op: als het geluk niet met je is, ben je op het einde van de reis je hele buit kwijt.

Koppie-krauw!

☠ Nederlandse les voor je papegaai. Als je hem goed traint, kun je hem straks op de markt duur verkopen.

SCHOONHEIDSSLAAPJE

Er is toch niks om wakker voor te blijven, dus kun je makkelijk in de verleiding komen om een lekker dutje te doen. Als je toevallig de kapitein bent, krijg je een mooie hut, helemaal voor jou alleen, met een lekker bed erin.

Maar de meesten onder ons slapen in het ruim, die donkere, vochtige, krakende benedendekse wereld waar het wemelt van de ratten. Niet bepaald een vijfsterrenhotel...

Je slaapt in hangmatten, die de hele nacht heen en weer schommelen als het schip deint op de golven.

Op een flink schip bevinden zich letterlijk honderden ratten, en daarvan zitten er 's ochtends vaak genoeg een paar in je hangmat.

DE PLEE OP ZEE

Als je 's nachts (of overdag) ineens nodig moet, zul je
merken dat dat op de meeste schepen heel makkelijk is:
je gaat gewoon ergens vooraan op de rand van het schip
zitten met je billen buitenboord. Als de zee erg woelig is,
kan dit gevaarlijk zijn, dus hou je goed vast.

(Die mazzelaar van een kapitein hoeft niet zulke
gymnastische toeren uit te halen, want die heeft een
handige trog in zijn hut die uitkomt in zee.)

Er is nul komma nul privacy,
dus wen er maar aan
dat je moet slapen
tussen tientallen andere
stinkende zeelui.

Kakkerlakken, spinnen
en andere griezels
maken er in het donker
een dolle boel van,
dus hou je mond
goed dicht.

PIRATEN AAN DE WAL

Als je eenmaal aan het leven op zee gewend bent, voel je je op de wal als een vis op het droge. Piraten horen nu eenmaal thuis op de woelige baren. (En daar worden ze ook minder snel terechtgesteld.) Maar zo nu en dan wil je toch wel eens een haven aandoen.

PIRATENHAVENS

Als je weet waar je zoeken moet, zijn er behoorlijk wat kustplaatsjes waar piraten zo ongeveer de baas zijn. Dus laat je gaan, verbras al het goud dat je hebt buitgemaakt en beleef een avondje als landrot.

Piraten zijn aan wal altijd te herkennen, want ze lopen alsof ze nog op een deinend schip zitten.

Het is niet ongewoon dat een piraat tijdens een avondje uit genoeg geld uitgeeft om een paar huizen van te kopen.

Zorg dat je de nodige voorraden inslaat, zoals touw, kanonskogels en eten.

Zorg dat je schip klaarligt om meteen te kunnen uitvaren... Je weet nooit wanneer de sterke arm der wet komt opdagen.

Piraat die pratende papegaaien koopt.

PIRATENEILANDEN

Naast havensteden zijn er hier en daar zelfs een paar
pirateneilanden te vinden. Als je een geschikt exemplaar
vindt – en een paar honderd man bij de hand hebt om
het te verdedigen – kun je een tijdje aan land blijven.

Probeer een goed
verborgen, moeilijk
bereikbare plek te
vinden om te
voorkomen dat er
de hele tijd grote
marineschepen
aanleggen.

 ## ONBEWOONDE EILANDEN

Er is ook nog een minder leuke manier om op een eiland
terecht te komen, namelijk als een passerende storm je
schip tot brandhout beukt en jou hijgend achterlaat
op een of ander vaag strand. Misschien ben
je wel helemaal alleen, dus zelf-
medelijden heeft weinig
zin.

Ga eerst op zoek naar zoet water. Zonder drinken ben je binnen drie dagen hartstikke dood.

Zoek daarna een manier om aan eten te komen.

Zorg vervolgens dat je een slaapplaats vindt waar je de nacht waarschijnlijk wel overleeft.

Maar het belangrijkste is dat je uit blijft kijken naar passerende schepen. Als je er eentje ziet, zorg dan dat ze jou zeer zeker ook kunnen zien.

HALLLOOO!

EIND GOED, AL GOED?

Je wist natuurlijk allang dat een piratenleven meestal niet lang en gelukkig is... Als je steeds maar weer de wal op gaat, loop je kans om gepakt en gearresteerd te worden. En als je dat overkomt, kunnen de volgende drie dingen gebeuren.

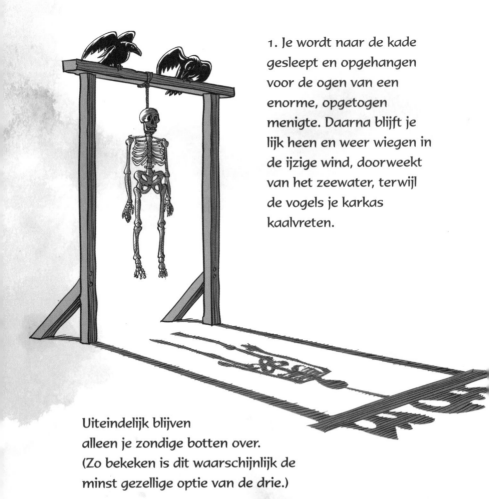

1. Je wordt naar de kade gesleept en opgehangen voor de ogen van een enorme, opgetogen menigte. Daarna blijft je lijk heen en weer wiegen in de ijzige wind, doorweekt van het zeewater, terwijl de vogels je karkas kaalvreten.

Uiteindelijk blijven alleen je zondige botten over. (Zo bekeken is dit waarschijnlijk de minst gezellige optie van de drie.)

2. Dit is beter – nou ja, ietsje beter dan. Misschien smijten ze je alleen maar in de gevangenis en word je langzaam gek in het donker. Dit is hoogstwaarschijnlijk je lot als je een kaper bent in plaats van een rasechte piraat.

Maar geef de moed nog niet op! Om te bewijzen dat het lot zelfs de slechtste slechterik nog kan toelachen, hebben we ook nog...

3. Gratie! Dit wil zeggen dat je je tong kunt uitsteken naar de beul, je vijanden recht in hun gezicht kunt uitlachen, alle buit die je door de jaren heen hebt gestolen, kunt oppakken en als een vrij en rechtschapen mens kunt weglopen.

(Maar misschien ga je liever meteen terug naar je schip om nu eens echt SERIEUS de beest uit te hangen.)

HOOFDSTUK VIJF

ZELFHULP VOOR ZEEROVERS

SABELS
EN HOE ZE TE GEBRUIKEN

27 MANIEREN OM EEN
OCTOPUS TE KOKEN

LEER JE PAPEGAAI JODELEN

MOORD EN DOODSLAG
Een handig handboek

Doe de deur dicht tegen de zeewind, maatje, en hoor voordat je uitzeilt nog wat laatste wijze woorden aan. Hier vind je tips over schepen, zeilen en verleidelijke bestemmingen. Maar eerst moet je nog even iets weten over een paar andere piraten die je onderweg kunt tegenkomen. Hoewel het eigenlijk beter zou zijn als je ze niet tegen het lijf vaart.

ZWARTBAARD

Eigenlijk heet hij Edward Teach, maar dat klonk bij lange
na niet angstaanjagend genoeg, dus heeft hij zijn naam
veranderd. Dit is de enige echte raaskallende gek:
woeste ogen, een gezicht als iets uit de diepzee en (nu
niet schrikken) een enorme zwarte baard.

Als hij in de aanval gaat,
vindt hij het grappig om
brandende touwen onder zijn
hoed te stoppen, zodat hij
wordt omringd door zwarte
rookwolken.
Volgens sommigen roert hij
buskruit door zijn rum en
schiet hij zo nu en dan voor
de lol een van zijn eigen
makkers dood, maar niet
iedereen gelooft die sterke
verhalen.

Bartholomeus Roberts

Beroemd om zijn roekeloze aanvallen op schepen met meer kanonnen dan het zijne. Hoewel hij net zo wreed uit de hoek kan komen als andere kapiteins, dragen zijn mannen hem op handen. Wat wel vreemd is voor een piraat, is dat hij nauwelijks alcohol aanraakt en liever een pul sterke thee heeft. Verder heeft hij een groot orkest aan boord, zodat hij kan aanvallen onder luid trompetgeschal.

Edward Low

Zijn vrienden noemen hem Ned, maar veel vrienden heeft hij niet. Hij is waarschijnlijk de gemeenste rotzak die ooit op een dek heeft gestaan... De gevangenen die hij gewoon overboord kiepert, hebben nog mazzel gehad.
Een van zijn hobby's is een vijand de oren afsnijden en hem dan dwingen ze op te eten met wat peper en zout.

FRANCIS L'OLLONAIS

Nog zo'n piraat die je
liever niet dwarszit.
Hij vindt het grappig om
arme stakkers hun hart uit
hun lijf te rukken en het
hun makkers dan voor de
voeten te gooien.
En anders likt hij het bloed
van afgeslachte vijanden
wel van zijn sabel.

HENRY MORGAN

Deze legendarische zeebonk maakte naam door de
grootste haven van Zuid-Amerika van de Spanjaarden af
te pakken. Hij is een van de rijkste piraten ter wereld,
alleen is hij inmiddels geen piraat meer.

Hij is geridderd en
benoemd tot
gouverneur van
Jamaica. En wat denk je
dat hij tegenwoordig
uitvoert? Jazeker, hij
vangt piraten en hangt
ze op... ook zijn oude
scheepsmakkers.

Zoals je weet mogen er absoluut geen vrouwen op piratenschepen komen, maar soms kun je ze gewoon niet tegenhouden. Twee vrouwelijke 'Schrikken der Zee' zijn met name heel beroemd geworden...

MOOIE MARY READ

In een wereld waarin de mannen alles hadden en vrouwen niets, kreeg het meisje Mary een slim idee: ze vermomde zich als man, ging bij de Engelse marine en sloeg aan het vechten.

Aangezien ze net zo handig met haar sabel was als de meeste mannelijke matrozen, had niemand in de gaten dat ze misschien toch een heel klein beetje anders was.

Jullie vechten als meiden!

Anne Bonny en Calico Jack

In dezelfde tijd voer er nog een andere vrouw, namelijk Anne Bonny, in mannenkleren over de oceanen, samen met de piraat Calico Jack. Op een dag overmeesterden ze een marineschip en werd Anne verliefd op een matroos. Ze kreeg de verrassing van haar leven, want die matroos bleek Mary Read te zijn.

Anne Bonny
(vermomd als man)

Meer mans dan de mannen

Sindsdien voeren Bonny en Read met Calico Jack mee en plunderden ze als echte piraten. In een woest gevecht hielden de meeste van hun scheepsmaten zich verborgen terwijl de twee vrouwen vochten als leeuwen. Mary was zo woedend op die lafbekken dat ze hen allemaal neerschoot. Misschien was dat wel een beetje te veel van het goede, maar je kunt niet ontkennen dat ze stijl heeft.

Calico Jack (is echt een man)

Dus waarheen
zetten we koers,
maatje?
Er zijn tegenwoordig
genoeg prachtige
plekken voor
piraten...

**CRIMINELEN
IN DE CARAÏBEN**
Deze eilanden barsten
van de perfecte
verstopplekken én
piraten, die in deze
contreien 'boekaniers'
genoemd worden.

**ATLANTISCHE
OCEAAN**

DE SPAANSE KOLONIËN
Dit is dé plek. Sinds de
16e eeuw heeft Spanje
een enorm rijk
opgebouwd in Midden-
en Zuid-Amerika,
vanwaar ze schepen
vol goud naar Europa
sturen.

**ZUID-
AMERIKA**

MISDAAD
IN DE MIDDELLANDSE ZEE
Deze wateren zijn nu vrij kalm,
maar in de 17e eeuw wemelde
het hier van de zogenaamde
Barbarijse zeerovers.

AVONTUUR IN AFRIKA
Afrika barst van het goud
en het kostbare ivoor, dus
zal het je niet verbazen dat
piraten hier belangstelling
voor beginnen te krijgen.

INDISCHE
OCEAAN

MACHTIG MOOI
MADAGASCAR
Pssst... Maar
weinig landrotten
kennen dit eiland,
maar piraten
gebruiken het als
een handige
uitvalsbasis voor
strooptochten over
de Indische Oceaan.

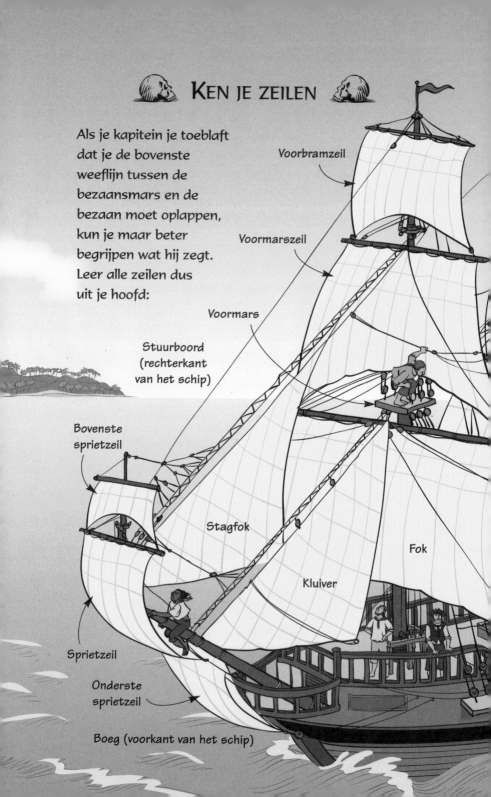

KEN JE ZEILEN

Als je kapitein je toeblaft
dat je de bovenste
weeflijn tussen de
bezaansmars en de
bezaan moet oplappen,
kun je maar beter
begrijpen wat hij zegt.
Leer alle zeilen dus
uit je hoofd:

Voorbramzeil

Voormarszeil

Voormars

Stuurboord
(rechterkant
van het schip)

Bovenste
sprietzeil

Stagfok

Fok

Kluiver

Sprietzeil

Onderste
sprietzeil

Boeg (voorkant van het schip)

Grootbramzeil

Bovenbezaan

Bezaantopzeil

Grootmars-
zeil

Bezaans-
mars

Ra

Grote mars

Bezaan

Weeflijn
(dwarstouw)

Grootzeil

Tuig/want

Achtersteven
(achterkant
van het schip)

Bakboord
(linkerkant van het schip)

KIES JE SCHIP

Geen idee wat voor schip je moet stelen op je eerste uitje als piraat? Hieronder zie je een paar mogelijkheden:

Sloep met één mast: deze wendbare schatjes zijn perfect om je te verstoppen in afgelegen inhammen waar grotere schepen niet kunnen komen.

Een snelle galei met roeiriemen, zoals de Barbarijse zeerovers gebruiken. Snel en wendbaar, maar je hebt wel honderd slaven nodig voor het roeien.

Voor onverslaanbare vuurkracht: een dikke driemaster vol kanonnen.

Nu wordt het tijd om uit te zeilen naar de horizon, op zoek naar avontuur en dubloenen. Ik wens je gunstige wind, zwakke vijanden en goud in overvloed...

Zie je op de woelige baren!

REGISTER